Klaus Schuldt/Andreas Scheiwiller   Ensemble Habitat

Werner Blaser

ENSEMBLE HABITAT

Fünf Villen / Five Villas
Klaus Schuldt Andreas Scheiwiller

Birkhäuser – Publishers for Architecture
Basel · Boston · Berlin

Translation from German into English:
Elizabeth Schwaiger, Toronto

Layout: Werner Blaser in collaboration with Konstanze Sylva Domhardt
All photos of the site by Werner Blaser
All sketches by Klaus Schuldt, except page 32: sketch by Andreas Scheiwiller
Lithography and typography: Photolitho Sturm AG, Muttenz

Page 16, photos 1, 3 and 4 from: Bernard Rudofsky: Architektur ohne Architekten, Residenz
Verlag, Salzburg/Wien 1989
Page 16, photo 2 from: Annegret Nippa: Haus und Familie in arabischen Ländern. Vom Mittelalter bis
zur Gegenwart, Verlag C. H. Beck, München 1991
We have made every effort to identify and quote the copyright holders of these illustrations.
Where this was not possible, we could not get in touch with the authors. In this instance we ask the
copyright holders to contact the publishers.

A CIP catalogue record for this book is available from the Library of Congress, Washington D.C., USA.

Deutsche Bibliothek Cataloging-in-Publication Data

Ensemble Habitat : Fünf Villen - Klaus Schuldt, Andreas Scheiwiller / Werner Blaser. [Übers. aus dem Dt. ins Engl.:
Elizabeth Schwaiger]. - Basel ; Boston ; Berlin : Birkhäuser, 2002
ISBN 3-7643-6668-0

© 2002 Birkhäuser – Publishers for Architecture, P.O. Box 133, CH-4010 Basel, Switzerland
http://www.birkhauser.ch
Member of the BertelsmannSpringer Publishing Group
Printed on acid-free paper produced from chlorine-free pulp. TCF ∞

Printed in Germany

ISBN 3-7643-6668-0

9 8 7 6 5 4 3 2 1

Inhaltsverzeichnis

Contents

Zum Ensemble Habitat

Leben wir nun im Dorf auf dem Lande, in der Agglomeration einer Stadt oder im städtischen Quartier: mit der Entscheidung zum gemeinschaftlichen Wohnen geben wir einen Teil unserer individuellen Freiheit auf. Vor allem die Angst, dabei eine Vielzahl persönlicher Entfaltungsmöglichkeiten zu verlieren, begleitet uns. Wir haben sie kennengelernt, die seriell angeordneten Wohnblöcke, die monotonen Siedlungen, die Uniformität der Plattenbauten, und befürchten, dass unsere Angst berechtigt ist.

Wir kennen aber auch das andere Extrem, das der Überbewertung von Individualität, sobald genügend Mittel vorhanden sind. Die Bauten der Einfamilienhausquartiere, Gewerbezonen und Firmensitze, mit denen die Städte expandieren, möchten sich oftmals abheben von einer – als «gewachsen» interpretierten – Stadtstruktur. Sie gebärden sich selbstdarstellerisch und ich-bezogen. Sie werden zu Solisten ohne Orchester.

Als Ausgangslage suchten wir einen Weg, eine Entwurfshaltung, die die beiden gefährlichen Extreme – das der monotonen Uniformität auf der einen und das der extravaganten Architektur eines überzogenen Individualismus auf der anderen Seite – zu umschiffen suchte. Wir fanden ihn nicht in der sichtbaren oder bereits gebauten Welt. Wir fanden ihn in einer geistigen Haltung, die nach der Existenz einer prinzipiellen gesellschaftlichen Konsensfähigkeit fragt.

6

In der Idee vom architektonischen Ensemble untersuchten wir eine mögliche bauliche Entsprechung dieses Konsenses. Im Ensemble richtet sich die Aufmerksamkeit zunächst auf das Erscheinungsbild des Gesamten und erst nachfolgend auf das einzelne Teil. Die Objekte ordnen sich zu einer Gesamtheit, einer verborgenen Mitte, die auf das einzelne Teil zurückstrahlt. Das Ganze ist mehr als die Summe seiner Teile.

Auf den nachfolgenden Seiten soll eine theoretische Annäherung an den Begriff «Ensemble» versucht werden. Im Anschluss dient die in den Jahren 1997–2000 in Arlesheim/Schweiz errichtete Villenbebauung als praktisches Fallbeispiel.

Klaus Schuldt

Remarks on the "Ensemble Habitat"

Whether we live in a country village, on the outskirts of a large city or in an urban district: the decision to live in a community forces us to relinquish part of our individual freedom. We seem especially haunted by a fear of losing a wide variety of individual options for living. This fear may well be justified: after all, we've all seen mass-produced housing blocks, monotonous schemes and uniform prefab buildings.

Yet the other extreme, that of exaggerated individuality for those who have the means, is no less familiar. There is many a residential, commercial or corporate building, created in the wake of urban expansion, which strives to stand out against what has come to be called "organic" urban structure. These structures are exhibitionist and egocentric. They are soloists without an orchestra.

As a point of departure we sought to find a path – a design philosophy – that would avoid these pitfalls – monotonous uniformity on the one hand and excessive individualism on the other. The visible world, i.e. extant buildings, showed us no such path. We did, however, discover a path by means of a philosophical inquiry into the fundamental ability for communal consensus.

In devising a concept of an architectural ensemble, we explored one possible architectural counterpart for this consensus. In the ensemble, the primary, initial focus is on the appearance of the whole and only afterwards on each individual part. The objects are configured into an entirety, around a hidden core that radiates onto each individual element. The whole is more than the sum of its parts.

7

In what follows, we attempt to explore and analyze the term "ensemble" on a theoretical basis. The estate development in Arlesheim/Switzerland (realized in 1997–2000) is then presented as a practical case study and example.

Klaus Schuldt

Das architektonische Ensemble
Ein Essay

Der Begriff «Ensemble» ist uns heute sehr geläufig. Er beschreibt im täglichen Sprachgebrauch ganz verschiedene Zusammenhänge. Formulierungen wie «einem Ensemble gleich» oder «gedacht als wirkungsvolles Ensemble» versuchen nicht nur besondere Charakteristika von Mode-, Design- und Werbeprodukten, sondern auch von Kunst- und Musikwerken, von Architekturen oder komplexen Stadtanlagen zu umreißen. Auch innerhalb dieser Bereiche kann der Begriff unterschiedlich belegt sein. So wählt man ihn beispielsweise in der Musik sowohl für die Bezeichnung von Kompositionen, die für mehrere Instrumente oder Singstimmen erdacht wurden, als auch für eine Gruppe von gemeinsam agierenden Musikern. In der Architektur erscheint er auf Einzelbauwerke mit einer vielfältig gegliederten äußeren Gestalt oder auf stimmungsvoll arrangierte Gebäudegruppen ebenso präzise anwendbar zu sein wie auf die Beschreibung eines Stadtbildes. Dabei ist für den Ensemblebegriff nicht entscheidend, ob eine Stadtsilhouette den Ausdruck historisch gewachsener Kontinuität trägt oder die historische Stadtstruktur durch neuere städtebauliche Konzeptionen sichtbar kontrastiert wird. Grundsätzlich fragt die Verwendung des Begriffes nicht danach, ob das Bezeichnete einer einheitlichen Planung entstammt, zufällig gewachsen oder folgerichtig entwickelt wurde.

In wenigen Bereichen ist die Begriffsverwendung eindeutiger gefasst. So gewährt man in der Denkmalpflege Einzelobjekten «Ensembleschutz», wenn sie als Gruppe – nicht als singulärer Bau – Zeugnis von einer bestimmten historischen, soziologischen oder künstlerischen Position ablegen. Mit einem ähnlich umfassend formulierten Anliegen wurde der Begriff dann auch durch die zeitgenössische Architekturdiskussion der letzten Jahre wiederentdeckt. Zu einer Modetitulierung geworden, vermag er heute stadtraumprägenden Architekturentwürfen einen konzeptionellen wie ästhetischen Ganzheitsanspruch zu attestieren – ohne dass damit die Begriffsbedeutung präziser erfasst worden wäre.

«Ein Ensemble ist ein aus zusammengehörigen Teilen bestehendes einheitliches Ganzes.»
So oder ähnlich wird der Begriff in etymologischen Wörterbüchern der deutschen Sprache umschrieben. Die Wortbestandteile können über «simul» = «zugleich» und «similis» = «ähnlich» hergeleitet werden. Erst im frühen 18. Jahrhundert prägte der Versuch, ein Zusammenspiel einzelner Teile verbal zu fassen, im französischen Wort «ensemble» den uns heute überlieferten Begriff. Im europäischen Sprachraum verbreitete er sich ein halbes Jahrhundert später zunächst als Bühnenwort, etwas später auch als architektonischer Ausdruck. In Bezeichnungen wie «Theaterensemble» oder «Ensemble für neue Musik» lebt heute diese ursprüngliche Verwendung fort.
Die in ihrer Auslegung sehr «offene» Begriffsbedeutung weist gerade für die Beschreibung von Architekturen vielfältige Konnotationen auf. Wir verknüpfen sie mit Vorstellungen von Harmonie – im «har-

monischen Spiel» oder von Komposition – «kompositorische Gesamtanlage». Mit dem Begriff wird häufig «Einheit» oder «Einheitlichkeit» assoziiert, und er wird mit Wendungen wie «in ausgewogener Einheit» oder «von überzeugender Einheitlichkeit» ergänzt. Der Begriff kann über die Verknüpfung mit diesen Vorstellungen nicht nur auf den strukturellen Aufbau eines architektonischen Entwurfes verweisen, sondern auch Aussagen über dessen Charakter verständlich machen. Etwas «Ensemblehaftes» bezeichnet dann beispielsweise etwas in sich Abgeschlossenes, überschaubar Wirkendes, oder etwas, das sich mit pittoresker Gestalt im Raum entfaltet. Die Titulierung einer Gebäudegruppe als «Ensemble» bietet eine mögliche Variante für das Verständnis der städtebaulichen Intention an. Versucht man jedoch den Begriff als Lesehilfe anzuwenden, muss er genauer hinterfragt werden. Betont er nun einen bewussten ideellen inneren Zusammenhalt der Teile oder die Besonderheit ihres strukturellen Zusammenspiels? Oder will der Verweis vielleicht auf das typische Erscheinungsbild fokussieren und damit beispielsweise auf die offensichtliche formale Ähnlichkeit der einzelnen Teile? Der Betrachter wird mit dieser Frage allein gelassen.

Mit der Verwendung des Begriffes nimmt man entweder an, dass ein Gegenüber die Ensembleintention des Entwurfes kennt oder dass über die gemeinsame Wirkung der Objekte – genauer, für die zusammenbindende Wahrnehmung – ein Konsens besteht. Die bloße Betrachtung der Architektur gibt nämlich keinen Aufschluss darüber, ob die Zusammengehörigkeit der Teile tatsächlich im Entwurf intendiert war oder ob wir die Objekte – sozusagen vor unserem geistigen Auge – zusammenrücken und als Einheit interpretieren.

Der Ensemblebegriff wird für die Betrachtung von Architektur gebraucht. Er dient demnach eher zur Beschreibung und nachträglichen Erläuterung architektonischer Objekte als zur Herleitung ihres Entstehungsprozesses. Er ist vielmehr Betrachtungshilfe, die die Rezeption dem Endprodukt nachträglich überstülpt, als Argumentationsstütze im Entwurf.

Die Wahrnehmung des Ensembles

Vor allem die sogenannte «anonyme Architektur» liefert uns zahlreiche realisierte Beispiele, deren typisches, «ensemblehaftes» Erscheinungsbild wir heute als besonders eindrücklich schätzen, das aber in den seltensten Fällen beabsichtigt war. Solche – uns so oder ähnlich bekannte – Bilder, beispielsweise einer Wüstenzeltstadt in der Sahara oder chinesischer, unterirdischer Wohnsiedlungen, sind in der Regel nach rein praktischen und ökonomischen Aspekten entstanden und folgten in ihrer Anlage selten einer gezielten Planung unter gestalterischen Gesichtspunkten.

Versuchen wir die städtebauliche Wirkung einer Gebäudegruppe zu ergründen, analysieren wir zunächst das Verhältnis vom Einzelteil zum komplexen Ganzen und zum städtebaulichen Kontext. Unser Augenmerk kann sich bei der Betrachtung eines Ensembles auf zwei Aspekte richten: auf das gemeinschaftliche Wirken der Teile und die Mechanismen ihres Zusammenspiels oder auf ihr Zusammentreten zu einer eindrücklichen Einheit und somit auf das Bild, mit dem wir die Gesamtheit in Beziehung setzen. Grundsätzlich können wir nach dem Wahrnehmungskonsens fragen, der uns Einzelformen visuell zusammenknüpfen lässt. Zum Beispiel lässt sich ein Zusammenwirken von Teilen dadurch herstellen, dass ihre individuelle Gestaltung einander angenähert wird. Im Zentrum des Entwurfes steht dann ein Regelwerk für übereinstimmende Merkmalsbildungen, beispielsweise innerhalb der Flächengliederung, der Materialisierung oder der Höhenstaffelung. Einzelne Teile einer Gebäudegruppe können auch formal aufeinander verweisen oder assoziieren lassen, dass ihrer Unterschiedlichkeit ein gemeinsames Formprinzip zugrunde liegt. Generell prägt ein spannungsvolles Spiel der Teile das Ensemble und nicht ihre detailgetreue Repetition. Ensembles entstehen nicht durch die Duplikation ihrer Komponenten, sondern durch variierende Vervielfältigung nach einer übergeordneten Entwurfsidee.

Im Gegensatz zum inneren Zusammenwirken wird das äußere Erscheinungsbild wesentlich durch das Umfeld geprägt. Kontrastiert zum Beispiel eine räumliche Konstellation durch besondere Dichte oder Weite ihren städtebaulichen Kontext, wird sie unabhängig von ihrer Gestaltung zusammenhängend betrachtet.

Darüber hinaus ist ein Ensemble nicht bereits mit der baulichen Fertigstellung gegeben, sondern entsteht beim Betrachten durch die gedankliche Verknüpfung seiner Teile. Der architektonische Entwurf kann nur Ansätze für diesen Prozess liefern. Grundsätzlich kann das optische Erscheinungsbild dabei durch eine visuelle Bildfolge ergänzt werden, die durch das räumliche Erleben entsteht. Eine Ensemblevorstellung formt sich dann im sukzessiven räumlichen Durchschreiten, bei dem ein interner Weg zum Vermittler der einzelnen Eindrücke wird. Ähnlichkeit («similis») der Teile und Gleichzeitigkeit («simul») im räumlichen Erleben schaffen für den Betrachter jenen Assoziationsspielraum, der ihn zur Imagination eines «Ensembles» animiert.

Das architektonische Ensemble als Idealvorstellung

Wie wir gesehen haben, ist es möglich, eine ensemblehafte Wirkung zu generieren. Uns ist auch bewusst, dass stets erst ein rezeptiver und distanzierter Blick dem Gesamtspiel eine es ordnende und den Zusammenhalt fixierende Kraft – eine übergeordnete Idee – zu unterstellen vermag. Was veranlasst nun einen Bauherrn, ein Planungsteam oder einen städtischen Auftraggeber überhaupt, für die Allgemeinheit stadträumliche architektonische Versatzstücke in größeren Zusammenhängen ablesbar zu machen?

Dazu die folgenden Beispiele: Mit der Ausbildung der Idee der «Kommune» als «Gesellschaftsbau» und ihrer baulichen Entsprechung der «Civitas» entwickelten sich bereits im 12. Jahrhundert in Italien die Wurzeln einer Stadtplanung, die die äußere Sicht auf die Stadt und somit das Stadtbild als wesentliche Komponente städtebaulicher Gestaltung mit einschloss. Die Stadtsilhouetten jener Städte – beispielsweise von Siena oder San Gimignano – sind es dann auch, die wir heute als pittoreske «Ensembles» rezipieren. Das angestrebte, einheitliche Erscheinungsbild diente hier als direkte Übersetzung des gesellschaftlichen Lebens – des Verhältnisses vom Individuum zur Gemeinschaft. Die Gemeinschaft aus Volk und gewähltem Regenten erhielt im zentralen Campo in Siena ein sie repräsentierendes Forum. Der Palazzo Pubblico, angrenzende Wohnhäuser und ehemalige Geschlechtertürme, deren Höhe zugunsten der Gesamtwirkung reduziert wurde, fügten sich nach einer einheitlichen Gestaltungsordnung in die Platzwand. Die Ensembleidee diente hier auf selbstverständliche Art und Weise einer konkreten gesellschaftlichen Vorstellung.

Absolutistische Herrscher formten in der Folgezeit städtebauliche Gesamtanlagen, die ihrer politischen Vormachtstellung Ausdruck verliehen und nicht eine Stadtgemeinde vertreten sollten. Sie nutzen die Wirkung architektonischer Ensembles, um sich mit einer präzise entworfenen Repräsentation mittels des Besonderen vom Gewöhnlichen abzugrenzen. Der bewusst gesuchte, originelle Ausdruck löste überlieferte, konventionelle Gestaltungsmuster ab. Architektonische Ensembles generierten jetzt stimmungsvolle Kulissen für rauschende Feste, sie bildeten den Rahmen für ein höfisches – nicht für ein städtisches – Leben. Das Ideal vom einheitlichen Zusammenwirken einzelner Architekturen wurde vom Individuum – nicht von der Gemeinschaft – interpretiert und, auf ein Ziel hin ausgerichtet, instrumentalisiert. In dieser Zeit bildet sich der Typ des «Gebäudeensembles» heraus – ein Stadtbaustein, der ausschließlich innerhalb einer Stadtstruktur lesbar wird und sich darüber weniger in der Stadtsilhouette abbildet.

In der 2. Hälfte des 19. Jahrhunderts drückt sich das Fehlen eines Konsenses über gesellschaftliche Zusammenhänge und der Verlust normativer Ausdrucksformen in allen gestalterischen Bereichen aus. Während in der Kunst und Architektur ein Stilpluralismus vorherrscht, versucht die Stadtplanung der zu großen Heterogenität durch gezielte Definition gestalterischer Einheitlichkeit entgegenzuwirken. In dieser Zeit wird auch der Begriff «Ensemble» in architektonischen Zusammenhängen verstärkt betont. Während der Barock und seine Folgezeit die Idee von Einheit noch selbstverständlich als Reflexion des «Gesellschaftsbaus» erlebte, sucht die Moderne die autonome gestalterische Einheit im konsequenten Verfolgen spezifischer architektonischer Themen. Wendet beispielsweise die barocke Vorstellung von «Einheit» für die Planung noch einen breiten – ja, unendlichen – Katalog an architektonischen Mitteln an, reduzieren das ausgehende 19. und das 20. Jahrhundert den Entwurf auf die Darstellung einer begrenzten Anzahl an Aspekten – mit wenigen Mitteln. Auch wenn es das erklärte Ziel der Moderne war, Einheit zurückzugewinnen, verschob sie für den Entwurf städtebaulicher Kompositionen das Schwergewicht von der Idee des einheitlich gestalteten Ganzen in einer definierten Konstellation auf die Gestaltung einzelner, inhaltlich und formal komplex aufgeladener Körper. In ihrer – nun eher abstrakt-ästhetischen – Beziehung zueinander findet die Darstellung der gesamten Bandbreite gesellschaftlicher Aspekte ebenso selten Platz, wie Spielräume für die freie Assoziation oder sinnliche Wahrnehmung eröffnet werden. Auch zeitgenössische städtebauliche Projekte legitimieren sich zunehmend weniger über ihren unmittelbaren Kontext als über immanente, zum architektonischen Thema erhobene Aspekte. «Industrieensembles» werden zum Wohnerlebnis mit Loft-Apartements, ehemalige Gleisareale zu «Kulturmeilen». Der Genius loci dient hier nur als Hintergrund zur Inszenierung eines einzigen Inhaltes. Indem man den inneren Zusammenhalt solcher städtebaulichen Versatzstücke gegenüber dem «Außen» des Stadtraumes in der formalen Gestaltung ganz besonders betont, wird dabei nicht selten versucht, einen als einheitlich erlebten und in historischer Kontinuität wahrgenommenen Stadtausschnitt zu imaginieren.

In der heutigen Vorstellung von städtebaulicher Planung muss der Ensemblebegriff wieder breiter abgestützt und in eine gesamtgesellschaftliche Realität eingebunden werden. Der architektonische Entwurf kann dabei dazu dienen, in der Komplexität unseres Lebens den dennoch existierenden gesellschaftlichen Konsens aufzuspüren. Dafür muss sich bereits die Idee für den Entwurf einer städtebaulichen Anlage gegenüber einer Vielzahl von Aspekten öffnen. Nur so entsteht der Interpretationsspielraum, der uns ein «Ensemble» assoziieren lässt.

Konstanze Sylva Domhardt

Frau Domhardt ist Architektin und arbeitet als Assistentin mit Lehrauftrag am Lehrstuhl für Geschichte des Städtebaus am Institut für Geschichte und Theorie der Architektur der ETH in Zürich und als Mitarbeiterin der Dorenbach Architekten in Basel.

The architectonic ensemble
An essay

"Ensemble" is a familiar term these days. In everyday parlance it describes a variety of completely different contexts. Phrases such as "like an ensemble" or "intended to create an ensemble" summarize not only specific characteristics of fashion, design and advertising products, but also of works of art and music, architecture or complex urban developments. Even within these fields, the term may have different connotations. In music, for example, it refers to compositions for several instruments or voices and also to a group of musicians performing together. In architecture it seems as precise a designation for individual buildings with a varied, multiple exterior or several buildings arranged into an evocative group as it does for describing the image of a city. The ensemble concept is not based on whether a city skyline bears the mark of historically evolved continuity or whether the historic urban plan is visibly contrasted by newer concepts of urban development. In principle, the use of the term does not inquire whether the designated object originated in a unified plan, or whether it evolved "organically" or was conceived with rigorous logic.

There are some more clearly defined applications. Thus, individual objects are chosen for "ensemble protection" in conservation schemes if as a group – and not as individual buildings – they are testimony to a specific historic, social or artistic movement. The recent debate on architecture has reclaimed the term with a similarly comprehensive intent. Today it has become a fashionable slogan that entitles urbane architectural designs to claim conceptual and aesthetic integrity – without, however, adding greater precision to the definition of the term.

An ensemble is a unified whole composed of related parts
In etymological dictionaries the word is defined as follows: the compound elements can be derived from "simul" = "at the same time" and "similis" = "similar". The French word "ensemble" was adopted by other languages to describe the interplay of individual parts in the early 18th century. In Europe it came into use half a century later as a theatrical term and later still as an architectural expression. The original use continues to survive in expressions such as "theatre ensemble" or "ensemble for contemporary music".
Its very "openness" to interpretation invites a variety of connotations, particularly for descriptions of architecture. We associate it with ideas of harmony – in the "harmonious play" – or composition – "compositional ensemble". The term is often associated with "unity" or "uniformity" and is combined with phrases such as "harmonious unity" or "convincing uniformity". By linking the term to these ideas it can refer to the structural composition of an architectural design and help to clarify statements about the character of the design. When speaking of an "ensemble character" we may be describing either a project that is self-contained and easily understood or one that unfolds with picturesque form. Giving a group of buildings the title of "ensemble" offers a possible variation for comprehending the intent that underlies the urban plan. However, when the term is used to facilitate the reading of a object, we must draw our own conclusions. Does it emphasize a deliberately idealized internal integrity of the parts or the unique quality of their interaction? Perhaps the reference is intended to draw attention to a typical image and thus to the obvious formal similarity of its parts. The observer must formulate his or her own answers to these questions.
The use of the term presumes that the observer is aware of the intent of the design to create an ensemble or of an existing consensus with regard to the joint effect of the objects – more precisely, the joint perception of such an effect. For observation alone cannot decipher whether the relatedness of the parts was indeed an intentional aspect of the design process or whether we, the observers, are creating the relationship – in our mind's eye, so to speak – and therefore interpret the parts as elements of a whole.
The ensemble concept is employed in architectural observation. It is used to describe and analyze architectonic objects, not to derive the evolution of the object. Instead, when we speak of ensemble, we are using the term as an observational tool, superimposing the reception of the product after the fact – using it as an argument that supports the design.

The perception of the ensemble

So-called "anonymous" architecture offers many examples whose typified, "ensemble-like" image we appreciate as distinctive and impressive even though they are rarely intentional. Such images – and more or less familiar variations on the theme – of a tent city in the Sahara, for example, or of subterranean Chinese villages, usually arose for purely practical or economic reasons and rarely adhered to a deliberate planning goal based on design principles in terms of disposition and division.

When we try to understand the urban effect of a group of buildings, we begin by analyzing the relationship of the individual element to the complex entity and to the urban context. In studying an ensemble we seem to focus on two aspects in particular: first, on the joint effect of the parts and second, on the mechanisms of interplay, that is on how they converge into a single, distinct unit, thereby creating the image we associate with the whole. Basically, we can explore the consensus of perception that enables us to create a visual link between individual forms in the first place. Thus parts can produce a combined effect as a result of an approximation in the design of each individual part. In this case the design is founded on a canon of harmonious characteristics – disposition, material treatment or height, to name some examples. Individual parts of a group of buildings can also refer to one another in a formal manner or allude to the unifying formal principle that underlies the whole. Generally speaking, the ensemble is distinguished by the captivating interplay of its parts and not by slavish repetition. Ensembles are not the result of duplicating components but of varying multiplication in accordance with an overarching design concept.

In contrast to internal integrity, the external image is largely influenced by the immediate surroundings. When a spatial configuration stands in powerful contrast to its urban context because of its unusual density or expanse, it is perceived as an entity, regardless of how it is designed.

Moreover ensembles are by no means "ready" simply by completing the construction phase; they only become ensembles through observation, that is, through the mental link we establish between the parts. The architectural design can do no more than deliver the stimuli that generate this interpretation. The optical image is generally complemented by a visual sequence of images created through the experience of the space. The idea of the ensemble begins to take shape as we walk through successive spaces, following an internal path that mediates the impressions we form of the individual parts. The similarity ("similis") of the parts and the simultaneity ("simul") of the spatial experience give the observer the freedom of association that inspires him to see an "ensemble."

The architectonic ensemble as ideal

We have shown that an ensemble-like effect can be deliberately generated. We are equally aware that a receptive or perspective view is necessary to invest the interplay of the whole with a dynamic that brings order and cohesion into it – a superordinate idea. But what moves a client, a team of planners or a municipality to render urban architectural sets readable within a greater context?

The following examples may serve to illustrate the dynamic at work. The idea of "community" as "communal structure" and the architectural expression of this idea, the "civitas", created the foundation as early as the 12th century for an urban plan that would incorporate the external view of a city and hence the image of the city itself, as an essential component of urban design. The urban silhouettes of those cities – Siena or San Gimignano, for example – are the very model of what we understand a picturesque "ensemble" to be today. In this case, the intended uniform image served as a direct translation of social life – the relationship of the individual to the community. The central campo di Siena became a forum that represented the society composed of the people and their elected leader. The palazzo pubblico, adjacent villas and former succession tower, whose height was reduced in the interest of the overall effect, fitted into the wall of the town square according to a uniform visual order. In this instance the ensemble idea served as a natural expression of a concrete social idea.

In subsequent periods, absolute rulers developed urban complexes that expressed their political supremacy rather than the urban community. They made use of the effect of architectural ensembles to distinguish themselves from the ordinary citizen by means of a carefully crafted visual presence. Deliberate, original expression replaced traditional, conventional patterns of design. Architectural ensembles began to furnish the ambience for elaborate festivities; they were the backdrop for life at court – not for life in the city. The idea of individual buildings converging to create a uniform effect was interpreted by the individual – not by the community – an instrument in the pursuit of a particular goal. This was when the "building ensemble" evolved as a type – an urban block that is legible only within an urban structure and does not leave a mark on the urban skyline.

The lack of a consensus with regard to social context and the loss of normative forms of expression was palpable in all areas of design in the second half of the 19th century. While the arts and architecture were dominated by a pluralism of styles, urban planners strove to counteract this excessive heterogeneity with a deliberate definition of design uniformity. The term "ensemble" was increasingly emphasized in the context of architecture during this period. While the Baroque and subsequent periods still had a natural understanding of the idea of unity as a reflection of "community building", Modernism embarked on a search for the autonomous unity of design through a rigorous pursuit of specific architectural themes. Thus, the Baroque idea of "unity" applied a broad, sheer endless catalogue of architectonic means to planning, whereas the late 19th century and the 20th century reduced the design to a limited number of aspects – expressed with few means. Even though it was the declared goal of Modernism to recapture unity, it shifted the emphasis for the design of urban compositions from the idea of the uniformly designed within a defined constellation to the design of individual fabrics full of complexity, both in content and in form. This – now rather abstract-aesthetic – interrelation left little room for representing the full range of societal aspects, nor did it allow latitude for free association or sensory perception.

Contemporary urban projects also derive legitimacy less from their immediate context than from immanent aspects, elevated to the status of architectonic theme. "Industrial ensembles" are transformed into landscapes for loft living, former shunting yards become a "culture mile", with a central ensemble of museum buildings. Here the genius loci serves merely as a backdrop for staging a single content. By placing particular emphasis on the internal context of such urban scenery in contrast to the "outside" of the urban space that surrounds them, it is not unusual to try to present an urban section as an experience of uniform and historic continuity.

In today's concept of urban planning, the idea of the ensemble must have a broader foundation and be integrated into the full social reality. The architectonic design can help us to trace the social consensus that does exist despite the complexity of modern life. To this end, even the idea for the design of an urban complex must be open to a multiplicity of aspects. For this alone creates the kind of flexibility of interpretation that allows us to arrive at the association of an "ensemble".

Konstanze Sylva Dormhardt

Ms Domhardt is an architect. She is a lecturer on the history of urban planning at the Institute for Architectural History and Theory at the Federal Institute of Technology (ETH) in Zurich and an associate of Dorenbach Architekten in Basel.

16

1–4 Unterirdische chinesische Siedlung/Dorf in Nordsyrien/Wüstenfestung in Marokko/Italienische Stadt Anticoli Corrado
1–4 Subterranean settlement in China/Village in northern Syria/Desert fortress in Morocco/Italian city of Anticoli Corrado

Abb. 1,3,4 aus/Figures 1,3 and 4 from: Bernard Rudofsky: Architektur ohne Architekten, Residenz Verlag, Salzburg/Wien 1989
Abb. 2 aus/Fig. 2 from: Annegret Nippa: Haus und Familie in arabischen Ländern. Vom Mittelalter bis zur Gegenwart, Verlag C. H. Beck, München 1991

Der Dialog mit dem Ort

Im hoch über dem Tal der Birs gelegenen Arlesheimer Ortskern treffen zwei sehr unterschiedliche städtebauliche Strukturen aufeinander. Einerseits die feinmaßstäbliche, organische Gruppierung der Häuser und Plätze des einstigen Weinbauerndorfes. Auf der anderen Seite die urbanen, vergleichsweise mächtigen, Bauten des Domes und der Domherrenhäuser. Die Eremitage und das Schloss Birseck im Westen sowie der Hügel mit dem Goetheanum im Süden rahmen den Ort. Die barocke Domanlage setzt einen bedeutenden Akzent und wirkt stadtbildprägend. In diesem Kontext, am gegen Nordosten abfallenden und den Dorfkern fassenden Hügel, finden wir das neue Villenprojekt in Form einer Gesamtüberbauung. Der Bauplatz grenzt unmittelbar an den Ort des architektonischen Kulturerbes von Arlesheim an. Die neu geplante Hausgruppe steht im Dialog mit der vertikalen Dominante des Domes und der horizontalen Kontinuität der orthogonal verlaufenden, historischen Mauern, die die ehemals barocken, terrassierten Ziergärten nachzeichnen. Die Gebäudegruppe besticht durch anspruchsvolle Bescheidenheit und eine stimmige Konstellation ihrer Teile, die im sie umgebenden Grün eingebettet sind. Diese Konzeption aus fünf Villen kann als Weiler «en miniature» mit Freiräumen, Höfen und Häusern gelesen werden.

Immer noch spielt die private Villa in der heimischen Architekturentwicklung eine besondere Rolle. Das Anliegen der Architekten bestand nicht nur darin, den ursprünglich nur singulär auftretenden Typ «Villa» als integratives Element im Städtebau zu erproben, sondern auch im Versuch, die Villa selbst als Bestandteil eines städtebaulichen Kontextes zu verstehen. Eine ungewöhnliche Aufgabenstellung.

Die Häuser präsentieren sich als eine ineinanderfließende Architekturlandschaft, die sich der topographischen Staffelung des Hanges anpasst. In zeitgemäßer Interpretation moderner Prinzipien greifen die Baukörper in die Landschaft aus oder nehmen sie in Form von begrünten Höfen in sich auf. Eine labyrinthisch anmutende Raumfolge aus Innen-, Außen- und Zwischenräumen entsteht. Die Wiese wird so zur exponierten Terrasse, zum introvertierten Hof, zur Blickkulisse sowie zum Ort des Verweilens oder Flanierens. Die Art der Nutzung bleibt vom Nutzer bestimmt.

Mit der Disposition der einzelnen Gebäude wurde versucht, einen Ort eigener Identität zu konstruieren. An die urbanen Strukturen des Ortes anknüpfend, balancieren die fünf Villen auf dem sanft abfallenden Hang. Dabei wird der Geländeverlauf genutzt, um Außenräume zu bilden. Die Verbindung von Grünraum und Gebäude, von Architektur und Natur, erfolgt auf verschiedenen Ebenen. Die Baukörper sind so positioniert, dass ihre vom Betrachter wahrgenommene Konstellation und ihre Bezüge zum Umfeld variieren. Die unterschiedliche Stellung zum Hang lässt sie in Beziehung treten und ermöglicht zugleich freie Durchblicke und Sichtbezüge zwischen den Gebäuden. So werden die Baukörper in die Umgebung eingebunden. Ihre unterschiedliche Orientierung und variantenreiche Disposition erzeugt im Außenraum nie gleiche oder repetitive räumliche Situationen, sondern stets nur ähnliche. Visuelle Relationen werden zu einem konstituierenden Element in der Wahrnehmung der äußeren Facetten und der innen-räumlichen Ausstattung der Bauten. Dennoch formuliert jeder Teil der Anlage einen eigenen Gestus. Die sich öffnenden Blicke rahmen jeweils nur Teilausschnitte des architektonischen Geschehens. Über Sichtachsen verweisen die Villen untereinander und auf den Kontext. Während jedes Haus einen herrlichen Panoramablick auf Dom und Birseck freigibt, wird es dem Betrachter nur in der Bewegung, im Durchschreiten möglich, ein Gesamtbild der Anlage zu erfassen.

Im Detail weisen Plattenpfade mit niedrigen Aufkantungen dem Besucher den Weg und vernetzen die Bauten optisch und im Bewegungsfluss miteinander. Sie bilden den Auftakt für eine ganze Reihe von feinen Variationen im kleinen, menschlichen Maßstab, die vor dem Hintergrund einer reduzierten architektonischen Gestaltung mit hoher Präzision in werkgerechter Ausarbeitung spürbar werden. Die Materialisierung ist in ausgewogener – beinahe klassisch betonter – Ausprägung gehalten. Einzelne architektonische Details werden zum sich rhythmisch wiederholenden Motiv und betonen die Ähnlichkeit der Teile der Gesamtüberbauung. Offene und geschlossene Wände, sehr überlegt positionierte Wandöffnungen stehen im harmonischen Gleichgewicht. Der differenzierte Außenraum setzt sich in einer inneren Raumgestaltung fort, die sich am außenräumlichen Kontext orientiert.

In der Gesamtheit nehmen sich die Bauten in ihrer individuellen Ausprägung zurück. Das Verbindende, das melodische Zusammenspiel der Körper im Ensemble und des Ensembles innerhalb eines städtebaulichen Umfeldes wird zum architektonischen Thema.

The dialogue with the site

Two very different planning structures meet in the centre of Arlesheim, a town located high above the Birs Valley. On the one hand, the small scale, organic grouping of houses and squares of the village, formerly a traditional wine-growing community. And on the other, the urbane, comparatively monumental structures of the cathedral and cathedral residences. The site is framed by the hermitage and Castle Birseck to the west and the Goetheanum to the south. The Baroque cathedral complex sets an important accent and defines the image of the town. The new villa project is set into this context on a hillside that slopes to the north-east and forms the boundary of the town centre. The plot is directly adjacent to the site of Arlesheim's architectural heritage. The new group of houses enters into a dialogue with the vertical dominance of the cathedral and the horizontal continuity of the orthogonal, historic walls that trace the former terraced Baroque ornamental gardens. The group of buildings is notable for its discriminating modesty and a harmonious constellation of the individual parts, nestled into the verdant surroundings. This configuration of five villas can be read as a "miniature" hamlet, complete with open spaces, courtyards and houses.

The private house, or villa, continues to play an important role in the development of domestic architecture. The architects' brief was not only to explore the "villa" type – originally a solitary type – as an element to be integrated into an urban plan, but to read the villa itself as a component of an urban context as well. An unusual task.

The houses present themselves as a connected architectural landscape that adapts to the topographical shifts in the slope. In a contemporary interpretation of modern design principles, the individual building fabrics reach out into the landscape or embrace it in form of green courtyards. The result is a labyrinthine spatial sequence composed of interior, exterior and interstitial space. Thus, the meadow becomes a patio exposed on all sides, a sheltered, introverted courtyard, a scenic backdrop or a place for lingering or strolling. The user determines the use.

The arrangement of the individual buildings seeks to construct a locale with an identity of its own. Echoing the urban structures of the town, the five villas are balanced on the gentle slope of the hill. The slope is utilized to full advantage to create outdoor spaces. The integration of green space and building, architecture and nature occurs on several levels. The positioning of the buildings offers varying configurations and references to surroundings to the eye of the observer. The differing position to the hill sets them into relation to one another, while allowing for open vistas and visual links between the structures. The fabrics are thus fully integrated into the environment. Variations in orientation and disposition prevent monotonous or repetitive spatial situations on the exterior, while retaining similarities. Visual relationships are transformed into a constituent element in the perception of the external facets and internal design of the buildings. And yet each part of the ensemble formulates a unique attitude. Each of the opening views frames only sections of the architectural composition. Sight lines establish references between the villas and their context. While each house offers a glorious panoramic view of the cathedral and Birseck, the observer can only grasp an overall image of the ensemble by walking through it.

On a more detailed level, paved paths with low borders lay out a route for the visitor and create a visual link between the buildings and the flow of movement. These form the prelude to a series of fine variations on a small, human scale, which are clearly in evidence against the background on a reduced architectural design, marked by a high level of precision and detailed finishing. The material execution is harmonious in expression, almost with a classic emphasis. Individual architectural details create a rhythmically repeated motif and underscore the similarity of the parts in the ensemble. Wall surfaces and wall openings, chosen with careful consideration, are harmoniously balanced. The differentiation of the exterior space is continued in the interior design, which responds to the external context.

All five buildings are rather understated in terms of individual form. Connectedness, the melodic interplay between the fabrics in the ensemble and between the ensemble and an urban surrounding, becomes the theme of the architecture.

20

Arlesheim
1 Burgruine Birseck aus dem 13. Jahrhundert
2 Aussicht auf den Rebberg
3 Dom, 1680/81
4 Treppe vor dem Hauptportal des Doms
5–6 Eremitage
7 Domschulhaus, 1907/08
8 Pausenhof des Domschulhauses

Arlesheim
1 Ruin of 13th-century Birseck castle
2 View of the Rebberg
3 Cathedral, 1680/81
4 Stairs in front of the main portal of the dome
5–6 Hermitage
7 Cathedral schoolhouse, 1907/08
8 Cathedral school yard

Ein Fallbeispiel: Das Wohnensemble

Die Voraussetzung für die Entwicklung eines architektonischen Ensembles ist eine gesellschaftliche Übereinkunft. Die unterschiedlichen Baugesetze und Zonenvorschriften basieren in der Regel auf einem Grundkonsens. Dieser ist jedoch meistens zu allgemein und zu schwach, um ein Ensemble zu generieren. Es ist der kleinste gemeinsame Nenner, mehr nicht. Ein weiterführender, gesetzlich schwer fassbarer Konsens ist gefragt – beispielsweise über den Grad an Offenheit gegenüber der Nachbarschaft, über das Verhältnis von privaten, halböffentlichen und öffentlichen Räumen oder das Aufbauen von mobilen Lifestyle-Objekten im Außenraum.

Der ideale Zusammenhalt soll sich in einer ausgewogenen Balance der einzelnen Baukörper widerspiegeln. Da diese von der Bedeutung, von der Nutzung und vom Volumen her meist nicht gleichwertig sind, gilt es durch ihre Gruppierung ein optisches Gleichgewicht zu finden. Dies kann beispielsweise bedeuten, dass ein als sekundär eingestufter Körper an prominenter Lage platziert wird, ein Hauptvolumen eher peripher. Entwurfsziel für diese Wohnbebauung war die Ausbalancierung der Baukörper in ihrer Stellung zueinander und zum Hang. Das gewachsene Terrain nahm dabei auf die Positionierung der Körper großen Einfluss. Insbesondere ihre wechselseitige Stellung zu den Höhenlinien war für das Gleichgewicht der Gesamtkonstellation wesentlich. Das außenräumliche Zusammenspiel der Körper war somit bestimmt. Die innere Orientierung der einzelnen Räume, die Lage der Zugangssituationen und die Ausrichtung der Pergolen konnten im Entwurfsprozess von den zukünftigen Nutzern individuell bestimmt werden.

Der dritte Schritt führt zur Suche nach einer gemeinsamen Grammatik für die architektonischen Elemente. Diese müssen in sich stark, ja fast archetypisch sein und zugleich vielfältig modulierbar und kombinierbar. Denn es gilt, trotz Konsens, individuelle Wünsche der Bewohner zu erfüllen, ohne dass die Einheitlichkeit des Gesamteindruckes zerbricht.

In Arlesheim wurde zunächst die Zonenordnung überarbeitet und der bestehende Quartierplan präzisiert. Eine Folge dieser Änderungen war die Verlagerung des motorisierten Individualverkehrs und der Besucherparkplätze in den Untergrund. Für die Gebäude wurde eine einfache Kubatur gewählt sowie Dachneigung und Dachmaterial definiert. Variabel blieb die Gestaltung der Gärten und ihre Abgrenzung zu den Nachbarschaften, die Modulierung des unmittelbar an die Gebäude angrenzenden Geländeverlaufs und der Grad an Geschlossenheit und Offenheit der Mauerflächen im Erdgeschoss.

A case study: the housing ensemble

One prerequisite for the development of an architectural ensemble is fundamental agreement in the community. Building laws and zoning regulations are generally based on a basic consensus. However, this consensus is usually too general and too weak to generate an ensemble. It is the lowest common denominator, no more. What is required is a consensus that goes further and is less tangible in legal terms – for example, the degree of openness to the neighbourhood, the relationship between private, semi-public and public spaces, or the installation of mobile lifestyle objects in the open space.

The conceptual integrity must be reflected in a harmonious balance of the individual volumes. Since these are rarely equal in terms of importance, use and volume, visual balance must be sought through grouping and placement. Thus, a structure assessed as secondary may be placed in a prominent location, while a principal volume may be assigned a more peripheral position. The design goal for this housing development was to harmonize the buildings in relation to each other and to the slope. The natural terrain greatly influenced how the volumes were placed. Interdependent positioning with regard to individual contours was especially important for the equilibrium of the entire ensemble. The external interaction between volumes was thus determined. During the design phase, future users had input with regard to the internal orientation of individual rooms, the position of entrance areas and the arrangement of the pergolas. Finally, a common vocabulary must be established for the architectural elements. These must be intrinsically strong, almost archetypal, and yet flexible and combinable in a variety of ways. For the principal aim, consensus notwithstanding, is to fulfil the individual wishes of the users without destroying the uniformity of the overall impression.

In Arlesheim, the first step was to revise the established zoning order and to define the existing district plan with greater precision. Consequent to these changes, private vehicle traffic was diverted and visitor parking was moved underground. A simple shape was chosen for the buildings, and the roof pitch and material were defined. The design of the gardens and boundaries with neighbouring properties, landscaping in the immediate proximity to each building, and the degree of openness in the ground-floor wall surfaces remained variable.

1–4 Das Wechselspiel der Volumen. Modellstudie. 1996
1–4 The interplay of volumes. Model study. 1996

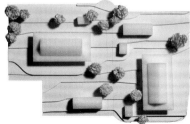

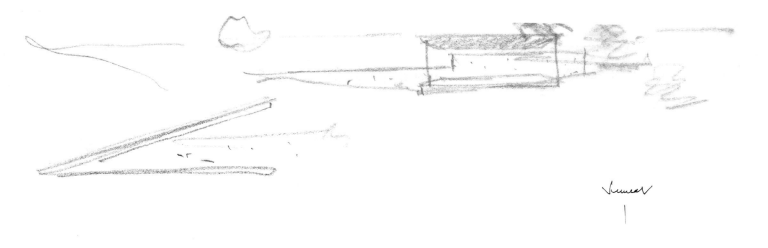

Die Balance zwischen Objekt und Grund
Die Gebäude und ihr landschaftlicher Kontext. K.S. 2000

The balance between object and ground
The buildings and the landscape context. K.S. 2000

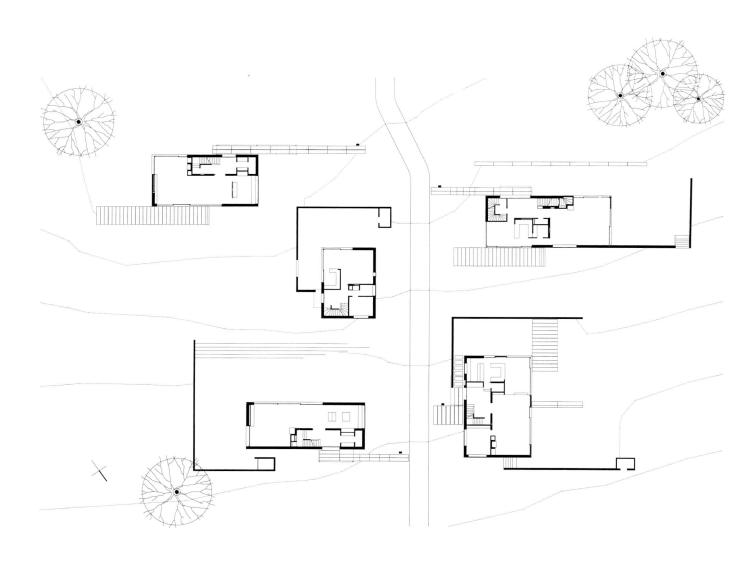

Fünf Villen in Arlesheim.
Situationsplan 1:600

Five villas in Arlesheim.
Site plan 1:600

32

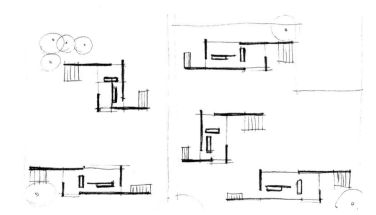

Schnitt durch die Anlage. 1:600

Section through the development. 1:600

Disposition der Baukörper. A.S. 1996

Arrangement of the buildings. A.S. 1996

Der Versuch zur einheitlichen Gestaltung

Wer die Bebauung in Arlesheim besucht, wird abgelenkt. Der Weg ist an sich vorgegeben, doch Blickbezüge lassen den Betrachter innehalten, und die Kulisse der sich staffelnden Gebäude lädt ihn zum Verweilen ein. Die Spuren in Boden und Wänden greifen ineinander und regen zum Nachdenken an.
Die Konstellation dieser Villen baut ein Spannungsfeld auf, das den Besucher inmitten des Ortes zu einem Grenzgänger werden lässt. Der Moment, in dem der Weg das Umfeld der lockeren Siedlungsstruktur gegen das der offenen Villenbebauung eintauscht, wird genau spürbar, verliert sich jedoch sogleich wieder in räumlicher Kontinuität. Man hält in der Bewegung kurz inne und wird zum Betrachter. Das Areal besitzt ein «Innen» – die Zwischenräume – und ein «Außen» – den städtebaulichen Kontext. Ihre gemeinsame Grenze scheint fließend, aber ist in der Annäherung deutlich spürbar.
Die fünf Häuser bilden eine wahrnehmbare Einheit, die sich gegenüber jedem Blickwinkel erhält. Sie gehen durch die Art ihrer Positionierung vielfältige Beziehungen ein und sind in Material und Formensprache stark aufeinander abgestimmt. Und dennoch: Die offensichtlichen Ähnlichkeiten in der architektonischen Gestaltung erzeugen keinen seriellen Charakter, keine Uniformität und somit nicht den Eindruck einer repetitiv anmutenden Wohnsiedlung. Wie ist das möglich?

34 Das Ensemble aus fünf Villen in Arlesheim ist Teil einer Suche nach der baulichen Entsprechung, dem architektonischen Typ für eine derzeit eher untypische Bauaufgabe: die Realisierung einer großflächigen Villenbebauung. Der einer Villa häufig eigene, sich individuell entfaltende, extraordinäre Charakter sollte mit einer gemeinschaftlichen Vorstellung konfrontiert und die Villa innerhalb einer übergeordneten Bebauungsstruktur assimiliert werden. Die Architekten diskutierten über die Formulierung einer Art «Prototyps», einer Grundeinheit, die sich als «Villa unter Villen» auch ohne die gewohnt großartige, individuelle außen- wie innenräumliche Inszenierung zu behaupten versteht. Diese Grundeinheit sollte nicht, gleich einem Modul, «eins zu eins» wiederholt werden, sondern – und das ist wesentlich – variieren. Gesucht war also ein Gesamterscheinungsbild ähnlicher Wohnarchitekturen in städtischer Dichte, die dennoch als singuläre Villen ablesbar bleiben. Dafür definierten die Architekten eine begrenzte Anzahl von konstanten architektonischen Elementen, die jedes Gebäude aufweisen sollte. Darin ist die Definition des Typs konstant. Im Wesentlichen: die Wand, der gläserne Aufsatz des Obergeschosses und die Pergola. Die Varianz in der architektonischen Gestaltung – beispielsweise in der Materialisierung – dieser Elemente prägt den Charakter der Anlage. Eine Wand kann in Form einer Stützmauer den unmittelbaren Einflussbereich, beispielsweise die außenräumliche Privatsphäre, eines Hauses aus dem Hang ausschneiden. Sie kann als Außenmauer das Gebäude umhüllen und den Aufsatz des Obergeschosses tragen. Sie kann sich aber auch in das Gebäudeinnere einstülpen, um bestimmte Raumzonen

abzutrennen oder den Eingang zu markieren. Für die Struktur und das Farbspektrum der Fassadenputze, die Farbreihe der Fensterrahmen und Rolläden und für die Oberflächengestaltung von Hauseingängen und Briefkästen wurde ein Regelkatalog aufgestellt.

Die einzelnen Elemente spielen sich nicht individuell hervor. Sie werden wiederholt, zum Teil mit unterschiedlicher Zweckbestimmung (wie wir gesehen haben), aber nicht inszeniert. Die Teile sind nicht das Thema, sondern ihre Fügung zum Ganzen. Die regelmäßige Anwendung der drei Komponenten Wand, Aufsatz und Pergola erfolgt somit im gesamten baulichen Ensemble nach den gleichen Prinzipien. Ihre Wiederholung und ihr Wiedererkennungswert binden die Villen nicht nur baulich, sondern auch gedanklich zusammen.

Attempt at uniform design

Visitors to the development in Arlesheim find themselves distracted. The route as such is predetermined, but visual references cause the observer to stop. A backdrop of stacked buildings receding into the distance invites one to linger. Traces on the ground and on the walls become intertwined and inspire introspection.

The constellation of these villas creates a field of tension that makes the visitor feel as if he or she were crossing a border in the middle of this town. One is acutely aware of the moment when the path leaves the sphere of the community structure behind and enters into the open villa development; but the moment is transitory and quickly dissolves once again into spatial continuity. We pause and become observers. The estate has an "interior" – the spaces between the buildings – and an "exterior" – the urban planning context. Although the shared boundary seems fluid, we are nevertheless distinctly aware of it as we approach.

The five houses form a tangible unit that is preserved from any angle. The arrangement creates a variety of different relationships between the individual structures, which are marked by strong consistency in material and form. Still: the obvious similarities in the architectural design never create a sense of serial production, uniformity or an impression of a repetitive housing scheme. How is that possible?

The ensemble of five villas in Arlesheim is an attempt to develop a model, an architectonic type, for a task that has become anything but typical: the creation of villas in an estate setting. The idea was to confront the individualistic, unique and distinct character generally associated with villa design with a communal concept and to assimilate the villa into a superordinate structure. The architects discussed how one might formulate a "prototype" of sorts, a basic unit that would hold its own as a "villa among villas" even without the grandiose, individualized external and internal scenario usually associated with the term. Instead of a "one-to-one" repetition of this basic unit in classic modular fashion, the architects decided – and this is essential – to work with variations. In other words, the aim was to create a cohesive image for a group of similar residential structures, in urban density but nevertheless legible as unique villas. To this end the architects defined a limited number of architectonic elements that would be present in each building, establishing constancy in the definition of the type. The essential elements are the wall, the glazed second storey and the pergola. Variation in the architectural design – for example, the material execution – of these elements defines the character of this ensemble. A wall can be used as a retaining wall to carve a private outdoor space directly out of the hill; as an external wall, it envelops the house and provides structural support for the second-storey addition; it can also fold in toward the interior, to divide internal zones or to mark the entrance. A normative catalogue was drafted for the range of textures and colours to be used on the rendered facades, the colour scale of the window frames and shutters and the surface design of entrance areas and letter boxes.

The individual elements never vie for attention. They are repeated, sometimes to varying ends (as we have seen), but never staged. The theme is not the elements themselves, but how they fit into the whole. The consistent application of the three components – wall, second-storey addition and pergola – adheres to the same principles throughout the ensemble. Their repetition and recognition value links the villas not only architecturally, but also rationally.

38

Der Aufsatz
Ansicht. K.S. 1996

The addition
Elevation. K.S. 1996

44

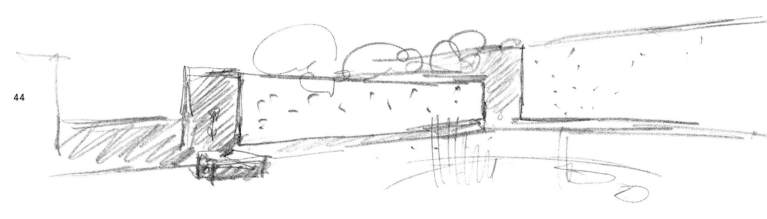

Die Wand
Wandstellung im Innenraum. K.S. 1999

The Wall
Wall position in interior. K.S. 1999

52

Die Pergola
Blick vom Innen- in den Außenraum. K.S. 1998

The pergola
View from interior into exterior. K.S. 1998

Der spielerische Umgang mit den Teilen

Der Einheit der Anlage steht der individuelle Wert jeder einzelnen Villa und ihrer Bewohner gegenüber. Der beschriebene architektonische Typ wird als eine Art «Rohling» verstanden, der durch die spezifischen Ansprüche der Nutzer seinen Feinschliff erfährt. Wird die Mauer am Haus längergezogen, vergrößert sich der individuelle Gartenbereich, wird sie gestaffelt, entsteht eine kleine Terrassierung. Die Pergola kann den Eingang oder einen Sitzplatz formulieren. Das Obergeschoss mit seiner rationalen Grundriss- und Fassadengestaltung kontrastiert mit den Möglichkeiten einer freien Gestaltung im offenen Raum des Erdgeschosses. Die Elemente werden, so wie die Pergola als Ort des Verweilens oder des Passierens, unterschiedlich interpretiert. Dies hat auch Einfluss auf die Orientierung und Ausgestaltung der Innenräume. Die Wand kann zum Weg werden, wenn sich das vertikale Element in horizontalen Steinplatten fortsetzt. Stellenweise sind sie von langen Fugen durchzogen, die sich unsichtbar in der Wiese verlieren und auf Entfernteres deuten. So wie die Pergola in ihrer Orientierung jeweils auf den Nachbarn verweist, wird auch durch die gezielte Positionierung von Fenster- und Maueröffnungen eine weitere Beziehungsebene eingeführt. Beispielsweise scheint die große, querliegende Fensteröffnung im Erdgeschoss, einem weiten Auge gleich, die Anlage zu überschauen und die Umgebung zu fixieren. Die Ambivalenz der einzelnen Teile zum Ganzen bleibt auch auf der Ebene der Detaillierung des Entwurfes bestehen. Die Teile verweisen in ihrer endgültigen Ausbildung aufeinander und erzeugen den Eindruck räumlicher Durchdringungen und gedanklicher Gleichzeitigkeit. Letztendlich kann man sagen, dass die Unterschiedlichkeit der Villen aus der differenzierenden Gewichtung ihrer Elemente je nach den Vorstellungen der Nutzer resultiert. Durch das Variieren der Komponenten wird das «Besondere», das Individuelle, aber auch das Lebendige der Anlage erzeugt. Das architektonische Regelwerk bietet eine ausreichende Offenheit für Interpretation. Das Spiel mit der Regel wird zum Thema.

Die Suche nach einer übergeordneten Identität für fünf Villen mündete in eine städtebauliche Anlage, die die Lust am Entdecken weckt, die dem Besucher wie dem Nutzer keine eindeutige Antwort auf dem architektonischen Tablett bietet, sondern ihn zum Aufspüren von kleinen Nuancen und feinen Differenzen auffordert. Durch das angestrebte Gleichgewicht werden kleine Besonderheiten zu Inszenierungen des feinen Unterschieds. Und so wie das Ensemble offene Zwischenräume definiert, lässt auch das einzelne Bauwerk Spielräume für Interpretationen. So wie versucht wird, mit einem neuen Eingriff Umgebung und Tradition in Einklang zu bringen, soll auch eine Balance zwischen dem Produkt des Entwerfers und dem Verständnis des Rezipienten erzeugt werden.

Playful treatment of the parts

The unity of the ensemble is complemented by the individual value of each villa and its inhabitants. The architectonic type described above is understood as a kind of "diamond in the rough" that is "polished" by the specific requirements of the users. If the wall along the house is extended, the private garden area is expanded; if it is stepped, the result is a terraced effect on a small scale. The pergola can be used as an entrance element or an outdoor seating area. The second storey, with its rational plan and facade design, contrasts with the flexible options for design in the open-plan area of the ground floor. Like the pergola, which can be used as a "threshold" or an outdoor oasis, each element is interpreted in a different fashion. This factor also influences the orientation and design of the interior spaces. The wall can be transformed into a path by reprising the vertical element in horizontal stone slabs. Here and there, long furrows are carved into the slabs, merging invisibly into the meadow and alluding to an unspecified distance. Just as the orientation of the pergola establishes a reference to the neighbour, so the deliberate placement of window and wall openings introduces yet another level of reference. Thus the large, horizontal window opening on the ground floor, reminiscent of a wide-open eye, seems to look out across the complex and focus on the surroundings. The ambivalence of the individual parts in relation to the whole is maintained even in the details of the design. In their finished expression all the parts refer to each other and create an impression of spatial penetrations and conceptual simultaneity. In the end, the dissimilarity between the villas is the result of a differentiated evaluation of each element in accordance with the individual desires of the users. "Uniqueness", individuality and the animated quality of the ensemble are achieved by varying the components. The architectonic canon is sufficiently open to interpretation. The play with an established rule becomes the theme.

The search for a superordinate identity for five villas led to an urban complex that inspires discovery, offering no unequivocal answer on the architectural plate to either visitors or users, but inviting them to explore small nuances and subtle differences. The aspired equilibrium transforms small deviations from the norm into an event that celebrates minute differences. Ultimately this architectural intervention is an attempt to create an ensemble that is in harmony with the environment and tradition, and to achieve a balance between the product of design and the understanding of the recipient.

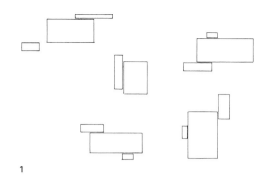

1

2

Die Kombination der Teile

1 Haupt- und Nebenvolumen
2 Vertikale raumdefinierende Elemente
3 Horizontale raumdefinierende Elemente
  K.S. 1996

The combination of the parts

1 Principal and secondary volumes
2 Vertical, space-defining elements
3 Horizontal, space-defining elements
  K.S. 1996

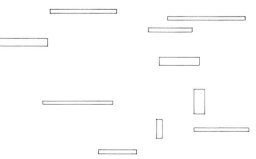

3

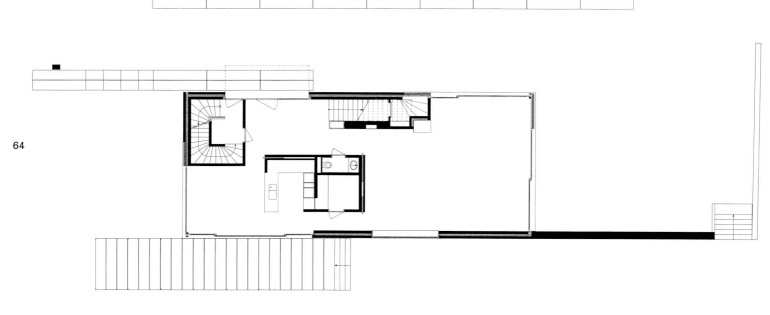

Villa «Hortensia» 1996–1999. Grundriss Erdgeschoss 1:250

Villa "Hortensia" 1996–1999. Ground floor plan 1:250

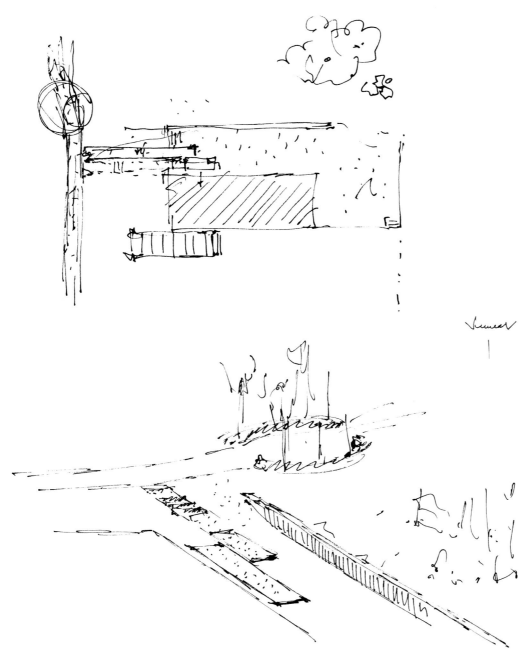

Elemente des Außenraums
Der Weg. K.S. 1998

Elements of the exterior space
The path. K.S. 1998

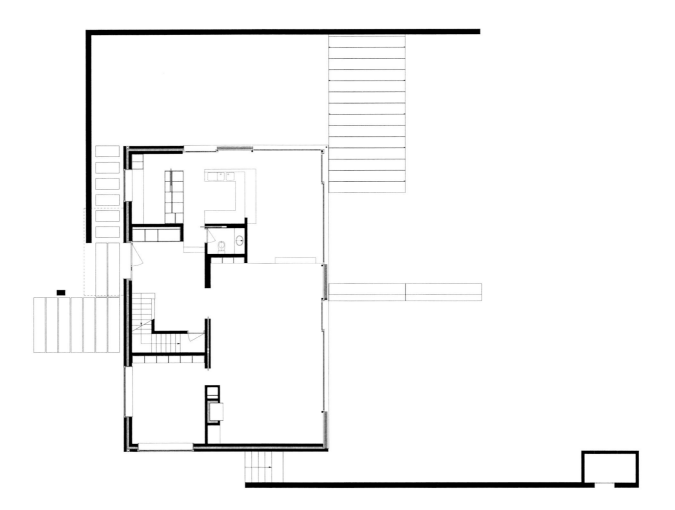

70

Villa «Magnolia» 1996–1999. Grundriss Erdgeschoss 1:250

Villa "Magnolia" 1996–1999. Ground floor plan 1:250

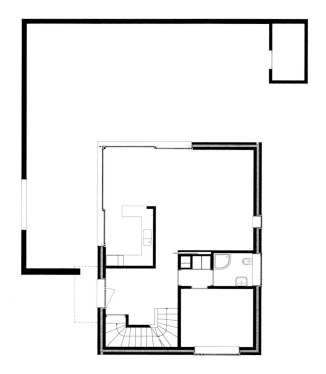

Villa «Margherita» 1998–2000. Grundriss Erdgeschoss 1:250

Villa "Margherita" 1998–2000. Ground floor plan 1:250

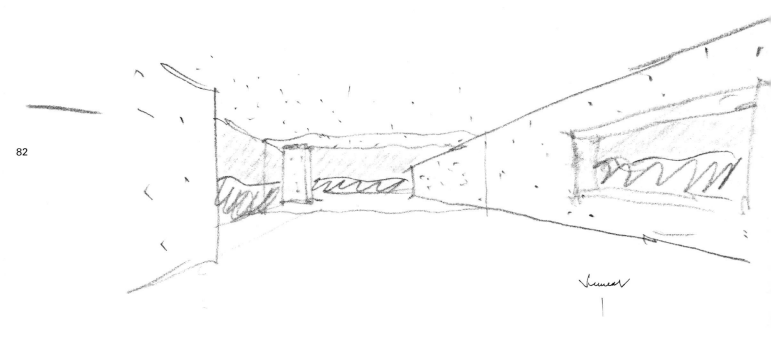

82

Innen- und Außenraum
Blickbezüge. K.S. 1996

Interior- and exterior space
Visual contact. K.S. 1996

Mitarbeiter der Dorenbach Architekten in Basel 1971–2002:/The team of Dorenbach Architekten, Basel 1971–2002:

Bernhard Aegerter, Margrit Baier-Joner, Daniel Baumgartner, Chantal Bechtel, Johannes Betke, Rita Bitterli-Bieli, Sven Böttcher, **Nadja Breu,** Anna Brin, Sandra Casanova-Ritter, Brigitte Challand, Konstanze Sylva Domhardt, Felicitas Egli, Daniela Engeli, Kurt Frommenwiler, Agnes Garattini, Angela Gerber, **Thomas Grasser,** Esther Elisabeth Grass-Haas, Rudolf Grey, Daniel Hadorn, Gabriella Hager, Isabelle Hartmann, Ursula Hasler, **Tania Hörmann,** Olaf Oskar Hunger, **Beat Jeker,** Michael Urs Kamber, Andre Kaufmann, **Judith Kessler,** Philipp Kramer, Ute Kuert-Osterholz, Kaspar Lang, Luzia Lasser, Georg Leirer, **René Maier,** Marco Meier, Reto Meier, Selva Meier, Peter Meyer, Lucius Quintus Miller, Bernard Mühlethaler, Christoph Müller, Sibylle Müller, David Muspach, **Jürg Naef,** Mathias Oppliger, Denise Ospelt, Georg Ott, Michal Rauscher-Zelouf, Manuela Rechsteiner, **Barbara Rentsch,** Tilmann Rohnke, Andreas Rumpel, Fabian Sacker, Karin Schaub, **Andreas Scheiwiller,** Roland Schildknecht, Ralph Schmucki, **Klaus Schuldt,** Markus Roland Schwarz, Viviana Sgura, Andre Speck, Dorit Stark, Karin Stegmeier, Erik Steinbrecher, Erika Stocker, Peter Stocker, **Franziska Stursberg,** Annemarie Sutter, Jochen Timmerbeil, Metin Toprak, Charlotte Vaterhaus, Danny Wanner, Sandra Weibel, Jürg Winkelmann, Thomas Zangger, Michelle Barbara Zindy, Markus Andreas Zunzer, Beatrice Zürcher, Monika Zutter*

* Die Namen der am Projekt «Fünf Villen in Arlesheim» beteiligten Architekten und Bauleiter sind besonders hervorgehoben.
* The names of the architects and site engineers who participated in the project "Five villas in Arlesheim" are marked in bold.

Die Firma «Dorenbach Architekten» wurde 1971 gegründet. Sie nutzt seit 1989 die Räumlichkeiten der ehemaligen Kapelle des Deutschritterordens in Basel. Die aus dem 13. Jahrhundert stammende Kapelle wurde erstmals 1844 durch Melchior Berri umgebaut; die innenräumliche Gliederung in drei Ebenen, der Einbau des neugotischen Fensters im ersten Stock der Straßenfassade und die Korrektur der westlichen Kapellenfenster erlaubte fortan eine gewerbliche Nutzung. Der Umbau durch «Dorenbach Architekten» in den Jahren 1986/1989 ermöglichte aufschlussreiche Bodensondierungen u.a. aus der römischen Siedlungszeit und definierte gleichzeitig die Stockwerksebenen neu.

"Dorenbach Architekten" was founded in 1971. Since 1989, the firm has been housed in a former chapel of the Knights of the Teutonic Order in Basel. The 13th-century chapel was first renovated in 1844 by Melchior Berri, who divided the interior into three levels, added a neo-Gothic second-floor window on the street façade and adapted the chapel windows on the west side. The building has been dedicated to commercial use since that time. The conversion carried out by "Dorenbach Architekten" in 1986/89 led to exhaustive excavations of artefacts, some dating back to the original Roman settlement, and simultaneously redefined the interior levels.

95

1 Heutiges Sitzungszimmer
2 Büroraum im Obergeschoss
1–2 Fotografiert von Niggi Bräuning

1 Conference room
2 Office space on the upper floor
1–2 Photography by Niggi Bräuning

Klaus Schuldt

1942	Geboren in Saarbrücken, aufgewachsen in Heidelberg, Darmstadt, Wetzlar, Siegen, Hamburg, St. Peter.
1963–1969	Studium der Architektur an der ETH Zürich mit Diplom.
1971	Gründung der Dorenbach Architekten in Basel. Seither zahlreiche Wettbewerbe und Realisierungen in den Bereichen Wohnungs- und Siedlungsbau, Büro- und Verwaltungsbau, öffentlicher Bau, Industriebau. Planungsarbeiten im Bereich Quartier- und Stadtplanungen.
Seit 1996	Barbara Rentsch, dipl. Arch. ETH/SIA in der Geschäftsleitung der Dorenbach Architekten.

Andreas Scheiwiller

1959	Geboren in Rapperswil und aufgewachsen in Chur.
1980–1986	Studium der Architektur an der ETH Zürich mit Diplom.
1986–1988	Mitarbeit im Büro Dorenbach Architekten in Basel.
1988	Gründung des eigenen Büros mit Mathias Oppliger, zahlreiche Realisierungen und Wettbewerbe.
1994–1996	Assistenz an der EPFL Lausanne (Prof. Yves Lion).
1996	Eigene Professur am Institut d'Architecture, Université de Genève.
1997	Gründung Büro Dolenc Scheiwiller in Basel.

96

Klaus Schuldt

1942	Born in Saarbrücken, raised in Heidelberg, Darmstadt, Wetzlar, Siegen, Hamburg, St. Peter.
1963–1969	Studies in architecture at the ETH Zurich; diploma.
1971	Foundation of Dorenbach AG Architekten in Basel. Since then numerous competitions and project realizations of housing, office and administration buildings, public buildings and industrial buildings. District and urban planning projects.
1996	Barbara Rentsch, dipl. Arch. ETH/SIA joins the board of Dorenbach Architekten.

Andreas Scheiwiller

1959	Born in Rapperswil and raised in Chur.
1980–1986	Studies in architecture at the ETH Zurich; diploma.
1986–1988	Staff member at the office of Dorenbach Architekten, Basel.
1988	Foundation of own firm together with Mathias Oppliger, followed by numerous project realizations and competitions.
1994–1996	Assistant at the EPFL Lausanne (Prof. Yves Lion).
1996	Appointed professor at the Institut d'Architecture, Université de Genève.
1997	Foundation of the firm Dolenc Scheiwiller in Basel.